Multiplica tu dinero por diez

En tan solo cinco años

Invertir, con un conocimiento claro y preciso del mercado en el que se va a invertir y con las herramientas adecuadas, es la manera más segura y sencilla de multiplicar tu dinero en un lapso de tiempo sumamente corto.

John Ortega

Copyright © 2017 John Ortega

http://johnortega60.blogspot.com

Facebook   https://www.facebook.com/John-Ortega-1833894006837889/

Email:

Johnortega60@gmail.com

Multiplica tu dinero por diez

John Ortega ® 2018

Contenido

Uno

Empieza a invertir ahora

Dos

¿Por qué no soy millonario?

Tres

Entiende cómo funciona el dinero

Cuatro

Todos los emprendedores empezaron desde abajo

Cinco

Mentalidad a prueba de fracasos

Seis

Piensa en grande, empieza en pequeño

El conocimiento es la clave. No nos dominarán por la fuerza sino por la ignorancia. La única manera de lograr libertad financiera es invertir en nosotros mismos. Invertir en conocimientos. El conocimiento es el camino hacia la libertad.

Uno

Empieza a invertir ahora

Todos buscamos invertir nuestro dinero, por muy poco que éste sea, de la mejor manera y con los mejores rendimientos posibles y querer invertir nuestros ahorros, pero no tener idea en qué sería lo mejor y más conveniente para nosotros es un temor muy común en la mayoría de las personas.

Pedirle asesoría a un consultor financiero que no está ni de lejos dentro del mundo de las inversiones, es un error que en la mayoría de las veces se paga muy caro. Nos puede estar costando nuestros ahorros de toda la vida.

Actualmente existen inversiones que permiten entrar con poco dinero y pueden generar rendimientos desde el primer día, si eso es lo que realmente se quiere.

Pero esta inversión limita nuestro capital y lo inmoviliza por el tiempo que pactemos tener ese capital invertido, que puede ser dos, tres, cinco o hasta diez años.

Y si vamos a inmovilizar nuestro capital, lo mejor que podemos hacer es que nuestro dinero se multiplique por dos, o incluso por diez, en un periodo de tiempo bastante corto -en mínimo cinco años-, entonces lo que debemos hacer es enfocarnos en una inversión de renta variable y dentro de una compañía que nos ofrezca las mejores oportunidades de rentabilidad.

Ganar una rentabilidad de un 15 a 20% sobre nuestro capital invertido no está nada mal. Eso es lo que ofrecen la mayoría de las compañías que ofrecen acciones para quienes deseen invertir con ellos. Más aún si estas compañías son de Bienes Raíces.

Y esto lo pueden hacer porque en bienes raíces la rentabilidad es superior a la del promedio. Y como dije en un video anterior, invertir en bienes raíces tiene la ventaja de que la inversión se transforma inmediatamente en un activo físico, y eso hace que la inversión esté respaldada desde el inicio, por lo que difícilmente se puede perder el valor de la inversión.

En el peor de los casos la inversión no tendrá la rentabilidad deseada pero tampoco se perderá.

Y la mayoría de las veces, la inversión en bienes raíces siempre produce rentabilidad.

Esto es un punto a favor que todo inversionista considera muy seriamente a la hora de invertir en bienes raíces.

Y como dije anteriormente, en bienes raíces, la probabilidad de obtener una rentabilidad es mayor a la de otras inversiones.

¿Por qué crees que todos los que se hacen millonarios invirtiendo en otras acciones terminan invirtiendo en bienes raíces? ¿Conoces algún millonario que haya perdido su fortuna invirtiendo en bienes raíces?

No es por casualidad. Es la mejor manera de respaldar sus activos y obtener una rentabilidad bastante aceptable.

Ahora, ¿te gustaría invertir en una compañía de bienes raíces y multiplicar tu dinero hasta por 10 veces?

No en una intermediaria que se te lleva parte de tus ingresos sin que ellos arriesguen absolutamente nada, no.

En una compañía que lleva trabajando y obteniendo rentabilidad permanente desde hace cinco años con proyectos de negocios propios, probados y comprobados y ejecutándolos hasta la fecha.

Una compañía que busca expandir sus posibilidades y planes de negocios que pueden generar oportunidades para todos quienes deseen invertir en bienes raíces e iniciarse en el mundo de las inversiones en Bienes Raíces.

Una compañía que sabe que el trabajo en equipo es mejor, más productivo y provechoso, y necesario para su consolidación y expansión.

Y está consiente que para ello debe formar un grupo de inversionistas que estén dispuestos y comprometidos con sus mismos intereses y expectativas a futuro. Crecer, evolucionar y desarrollarse siguiendo un plan de trabajo con miras a la consecución de los objetivos comunes.

Ese es el plan. Lo estamos haciendo, poco a poco lo estamos logrando.

Hoy, queremos que seas parte de este logro, queremos que seas parte de este compromiso. Ahora puedes multiplicar tu inversión hasta por 10 veces en cinco años.

No es difícil, tampoco sencillo, pero cuando se sigue un plan de negocios, una estrategia clara y precisa, la cosa toma otro sentido.

Muy pronto, en estos días, en mi blog subiré información detallada sobre cómo debes hacer para acceder a toda la información para que puedas invertir en nuestra compañía. Solo aquellos que estén suscritos al canal podrán acceder a esta información.

No es por discriminar a nadie pero es la única manera de tener una especie de filtro para quienes están realmente interesados en formar parte de este grupo de inversionistas y quienes solo acceden por curiosidad.

Además, como debes saber, quienes estén verdaderamente interesados en formar parte de este proyecto deben asumir su decisión con responsabilidad, y ello solo se logra con información adecuada, detallada, clara y precisa.

Así que si, aún no estás suscrito al canal, te recomiendo que lo hagas porque no solamente tendrás esta información de primera mano, sino que serás de los primeros en conocer las novedades que suba al canal.

Dos

¿Por qué no soy millonario?

Esta es quizá la pregunta que más frecuentemente se hacen a diario millones de personas. Y es que, a decir verdad, no es imposible ser millonario. De hecho, convertirse en millonario puede ser relativamente sencillo si tienes tiempo y la dedicación suficiente.

Sin embargo, lo que muchos no están dispuestos es, precisamente, a invertir ese tiempo y esfuerzo para lograrlo. pues esto demanda posponer metas personales a corto plazo y priorizar decisiones en función de logros que van más allá de la simple satisfacción personal momentánea, algo que resulta muy difícil para la gran mayoría.

Pero llegar al fondo del asunto no resulta tan sorprendente. Seguramente, lo que resulta más sorprendente y difícil de creer es que, conociendo los motivos de por qué no somos millonarios, aún continuemos haciendo lo mismo una y otra vez.

Hay una perfecta definición de locura que lo dijo muy acertadamente Albert Einstein: "Locura es hacer lo mismo una y otra vez, y esperar obtener resultados diferentes"

Por lo tanto, si hasta ahora tus resultados han sido siempre el mismo, quizá sea el momento de replantearte tus prioridades y cambiar tus acciones. Recuerda que para tener lo que nunca has tenido, deberás hacer lo que hasta ahora nunca has hecho.

He aquí tres motivos que, sin lugar a dudas, te pueden dar una idea del por qué te impiden ser millonario.

Uno: Pagar el costo de lo que quieres.

Si deseas algo, averigua su costo y págalo. Punto. No regatees su precio.

Ese es el principal motivo en el que debes enfocarte si quieres que tus acciones empiecen a dar resultados diferentes y acorde a tus planes. Si no estás dispuesto a hacer sacrificios no te lamentes si no consigues lo que quieres.

Se trata de enfocarse en lo primordial. Tomar decisiones en base a prioridades, establecerlas y acatarlas a rajatabla. A veces hay que renunciar a las cosas menos importantes para alcanzar lo que realmente queremos.

Por eso "las dietas saludables" que prometen mágicamente eliminar esos kilos de más tienen tanta aceptación entre la multitud que se lamenta de su peso pero odian seguir una dieta saludable que les hará perder peso porque eso les demanda esfuerzo, sacrificio y tenacidad.

Si no eres capaz de sacrificar tiempo de diversión para enfocarte en tus metas, entonces jamás tendrás el éxito que estás buscando.

Recuerda que el éxito es, en la mayoría de las veces, un 1% de talento y 99% de esfuerzo. La práctica hace al maestro. No has visto a nadie que tenga éxito que no haya tenido una vida de esfuerzo y dedicación. Y eso solo se logra con sacrificio y tenacidad. Además, solo se valora aquello que se consigue con esfuerzo y sacrificio, en eso todos estamos de acuerdo, pero desgraciadamente no todos estamos listos para asumir ese compromiso. Esa es la triste y penosa realidad.

Dos: No crees en ti y por ello le temes al fracaso.

Adquirir confianza en uno mismo es difícil. Lo sé por experiencia propia.

Ese es uno de los monstruos más difíciles de matar porque está dentro de nuestra cabeza. Y se debe a que tenemos miedo a hacer el ridículo si cometemos un error y perderlo todo. Eso nos impide tener iniciativa propia.

Nos educaron desde la niñez para no cometer errores, castigando el error, inculcando en nuestras cabezas que equivocarnos podría traernos gravísimas consecuencias a futuro en nuestra vida profesional. Nos posicionaron esa idea hasta el cansancio.

Por ello, nos aterra la idea de perderlo todo y ser ridiculizado si cometemos un error, y buscamos una excusa para justificar nuestra inacción; nos convencemos de que "el éxito no es para nosotros" y matamos toda iniciativa. Pero nadie ha llegado hasta la cima sin antes caer muchas veces.

Acéptalo: hagas lo que hagas vas a caer. No lo dudes, vas a fallar, vas a cometer errores, ese es el principio básico del aprendizaje; y mientras más rápido aprendas a aceptarlo y superarlo mayores posibilidades tendrás de lograr tus metas.

Si temes equivocarte, nunca harás nada.

Tres: No inviertes para obtener más ingresos

Esperar hacerse millonario a través de un empleo es como esperar que llueva hacia arriba. Adquirir bienes que con el tiempo se revaloricen es una manera sencilla y segura de conseguir ingresos adicionales que nos ayudarán a acumular riqueza. Estos se llaman activos. Los que se han hecho millonarios han empezado acumulando activos que les generaban dinero extra sin tener que trabajar más. Y lo que es más importante, a medida que los ingresos iban aumentando con sus activos, menor era el tiempo que les tomaba dedicarle a ellos.

Esta es una gran diferencia entre alguien que pretende conseguir riqueza basado en inversiones y alguien que solo quiere conseguir riqueza en base a un empleo. Si no inviertes para obtener más ingresos y sea tu dinero el que trabaje para ti, difícilmente lograras hacer riqueza.

Como ves, ésta es, quizá la mejor explicación sobre por qué son muy pocos los que han logrado convertirse en millonarios.

Tres

Entiende cómo funciona el dinero

El dinero no es un tema tan complicado, pero pocas personas parecen comprenderlo y darle el verdadero significado. Peor aún entender su real funcionamiento.

Puedes culpar al sistema de educación o a tus padres el no saber cómo funciona el dinero, pero la responsabilidad última de aprender cómo se genera el dinero, cómo se maneja y cómo se preserva es tuya.

Quienes han entendido esto han logrado dar un giro de 360 grados a su vida.

Los millonarios entienden que el dinero no es algo que se encuentra en la calle, se gana en la lotería o se crea por suerte o accidente. La riqueza no es un accidente, sino una acción. Una acción repetitiva, constante que puede aprenderse sin importar edad, raza o condición geográfica.

Para ello solo debes saber cómo funciona el juego del dinero.

Entonces, ¿quieres jugar el juego del dinero para ganar y generar un buen patrimonio que te asegure libertad y satisfacción financiera?

Apuesto a que sí.

Entonces tienes que saber las reglas.

Muchos aseguran que dinero hace dinero. No siempre es cierta esa afirmación. Si aquello fuera cierto los que se ganaron la lotería no lo hubieran perdido todo e incluso quedado peor que antes de haberse ganado la lotería. De ser cierta aquella frase ningún millonario habría quedado en bancarrota. Y de esos hay un montón de artistas famosos que eran millonarios, que lo alcanzaron todo. Y que lo perdieron todo.

La clave no está en ganar dinero. Está en saber conservarlo. En saber cómo funciona el juego del dinero. Ese es el meollo del asunto.

Quienes entienden eso han logrado que su dinero se convierta en perro de caza que cada mañana sale a buscar su presa y, una vez que lo logra, regresa hacia nosotros sin importar si el mercado está a la baja o en alza.

Tal vez la riqueza no compra la felicidad, pero si puede ayudarte a ser más libre para hacer lo que verdaderamente quieres hacer, sin ataduras de horarios ni presiones en el trabajo. Te aseguro que no hay nada más placentero que eso.

Deja que eso sea tu motivación.

¿Qué tal manejas tus finanzas?

Así te parezca que las cosas marchan bien, es importante que tengas claro cómo usas tu dinero, en qué lo gastas y cuáles son los propósitos que a menudo te propones para invertirlo y conseguir buenas ganancias o resultados. Aun cuando parezca que todo está perfecta y meticulosamente planeado, lo importante del dinero no es ganarlo, sino saber cómo conservarlo.

Mucha gente puede asegurar -y muchas veces es cierto- que pueden generar cientos de miles de dólares al mes, incluso millones, pero la pregunta que en verdad interesa es cuánto de esa cantidad pueden conservar.

Eso es lo que marcará la diferencia entre ser rico y ser pobre, aunque estés bien pagado.

Existe mucha gente que vive por encima de su presupuesto gastando al límite sus ingresos. Aun con unos ingresos superiores a los del promedio, les resulta imposible conservar el dinero. Ellos saben cómo ganarlo, pero no saben cómo conservarlo. Y tan solo un pequeñísimo movimiento desfavorable en su situación laboral y su vida, y la de su familia, se verían seriamente afectadas.

No pienses que los planes o los presupuestos solo lo hacen las personas que son muy meticulosas o exageradamente obsesivas, todo lo contrario, quienes tienen grandes empresas y negocios o invierten en distintos productos saben lo necesario que es no solo saber dónde está su dinero, sino dónde va su dinero ya que si no lo hacen pueden caer en grandes crisis o pérdidas totales de lo poco o mucho que tienen.

Todo el que entiende cómo conservar el dinero sabe no solo dónde está su dinero sino dónde irá su dinero. Sabe que, si su dinero irá hacia una buena inversión, su dinero, igual que un perro de caza, le traerá una buena ganancia. Y esto no es otra cosa que saber en qué se va a invertir.

Y para saber en qué se va a invertir se debe adquirir conocimientos. Quienes entienden el juego del dinero saben esto.

El juego del dinero tiene dos ciclos fundamentales, y funciona así de sencillo:

Primero.- En el juego del dinero no se admiten desinformados.

Si no tienes conocimientos del mercado en el que te vas a desenvolver, perderás todo lo que arriesgues. Así de sencillo. Y esto no es negociable. O sabes en que te metes o lo pierdes todo. O eres cazador o te conviertes en presa. Aquí la ignorancia tiene un precio muy alto.

Por lo tanto, la clave es conocimiento. Y para ello es importante invertir primero en conocimiento.

Invierte primero en ti.

Mientras más sepas del mercado en el que quieres invertir más probabilidades tendrás de acumular y conservar tu riqueza. Y este aprendizaje nunca termina.

Y esta afirmación es válida para cualquier campo en el que te quieras desenvolver.

¿Quieres ser escritor? Mientras más escribas mejor serás cada día, ¿quieres ganar en bienes raíces?, mientras más conozcas del mercado inmobiliario mejor serán tus inversiones en bienes raíces.

Nuevamente, invierte primero en ti.

Segundo.- En el juego del dinero tampoco se admiten cobardes.

La mejor manera de vencer tus temores es enfrentarlos. ¿Quieres invertir pero temes perder tu dinero? Invierte, lánzate, atrévete. Pero como dije anteriormente, lo primero en lo que se debe invertir es en uno mismo, y debe ser en conocimiento.

No existe una herramienta que mejor nos ayude a estar preparados para cualquier inversión que el conocimiento de lo que vayamos a invertir.

Mientras más sepamos de ello, menos riesgos se correrán. Mientras más información nos proporcionemos, mejores resultados obtendremos. Eso es indudable. Cualquiera que esté en el área de inversiones te dirá lo mismo.

Dicen que quien no se lanza al río jamás cruza la orilla. Hay gente que se pasa la vida deseando volverse inversionista o iniciar su propio negocio y nunca lo hace pues espera a que todas las circunstancias les sean favorables.

La mala noticia es que nunca existen las circunstancias favorables. Nunca perdieron el temor al riesgo. Nunca llegaron a saber que el riesgo se minimiza cuando uno invierte primero en conocimiento. Esperaron a que, en un golpe de suerte, la fortuna les sonría.

La mejor manera de entender el juego del dinero es practicándolo. La práctica hace al maestro. Los errores son inevitables, pero son la base de la experiencia. Jamás nadie ha logrado el éxito sin tener tropiezos.

Entonces, si vas a iniciar tu proyecto o tienes planeado ser inversionista no dudes en dar ese paso. El peor error que cometen la mayoría de los emprendedores es esperar a que las circunstancias sean propicias. No existe tales circunstancias propicias.

La mejor oportunidad no fue ayer, no será mañana. La mejor oportunidad es hoy, ahora.

Cuatro

Todos los emprendedores empezaron desde abajo.

¿Quién no ha tenido sueños de toda la vida?

En eso nos parecemos a todo el mundo. Todos tenemos sueños que anhelamos cumplir. Sin embargo, la mayoría de nosotros nos reservamos esos sueños para nosotros mismos. Y más que temor a que nos roben las ideas es temor a que seamos ridiculizados por tener sueños que a la mayoría podrían parecerles exagerados o ridículos si nos atreviéramos a contarlos. Pero todos aquellos que han tenido sueños y se atrevieron a hacerlos realidad, al comienzo fueron ridiculizados y tuvieron que enfrentarse a una férrea oposición de aquellos que no compartían su misma visión. Debieron empezar desde abajo, creyendo en su proyecto y convenciendo poco a poco a los demás. Lo que hay que tener claro es que, una vez que conozcan tu proyecto, jamás debes perder el rumbo que te has trazado. No todos van a comprender nuestra visión del proyecto. No todos compartirán el mismo entusiasmo pero ten la seguridad que si tienes un buen proyecto, éste resistirá cualquier adversidad, así que no temas contar tu proyecto a quienes consideres pueden ayudarte a alcanzarlos.

Recuerda que, mientras a más personas le cuentes tu proyecto, mayores son las probabilidades de que una de esas personas esté dispuesta o quiera apoyarte o darte ideas para llevar a cabo tu negocio, y por eso ya habrá valido la pena.

Por ello, no dudes en rodearte de gente que te apoye y crea en ti y, por lo tanto, en tu proyecto.

Pero aunque esto pareciera que fuera suficiente, no lo es. No basta contar tu proyecto, sino crear una red de apoyo que esté dispuesto tanto a escucharte como a aportar ideas que fortalezcan tu proyecto, a crear contactos, recursos o incluso aportar su talento. Demás está decirte que se debe evitar a aquellas personas tóxicas que no emprenden sino por el contrario siempre critican.

Ya sean amigos, familia, tu pareja o reclutando gente de acuerdo a tu idea de negocio, siempre quédate con quienes apoyen tu proyecto, lo enriquezcan y te permitan verlo desde otra perspectiva.

Escoge proyectos acordes a tus pasiones

Hay quienes argumentan que jamás dieron ese paso hacia la materialización de su proyecto debido a la falta de financiamiento. Y terminaron aceptando una labor en la que, además de abandonar sus metas, se vieron en la terrible situación de soportar una tarea que aborrecen.

¿Les ha pasado eso o les está pasando justo ahora?

Es fácil enamorarse de la idea de un ingreso fijo, en el que no necesariamente debamos intensificar nuestro esfuerzo para perseguir nuestro sueño. La pasión por lo que amamos es relegada a segundo plano. Y en muchos casos lo olvidamos por completo.

Pero si esa estabilidad es a costa de sacrificar un proyecto personal, la zona de confort se convierte en un lugar peligroso. Si no te sientes a gusto con lo que haces, esa frustración se transmite a otros aspectos de tu vida, por lo que es mejor replantearnos los hechos y nuestras decisiones más a menudo.

Por eso, si te ves en la necesidad de tomar proyectos o trabajos para aprender y reunir dinero, contactos, experiencia, etc., elige proyectos que vayan acorde con lo que quieres lograr profesionalmente. Tareas que sumen y acumulen conocimientos y experiencias para la consecución de tu verdadero proyecto.

Y esto se aplica a cualquier circunstancia, ya seas abogado, mercadólogo, vendedor o ingeniero, busca proyectos que te fortalezcan y enriquezcan profesionalmente para cuando des el siguiente paso.

El éxito es para quienes saben venderse mejor que nadie.

Hay un dicho que reza: "Cría fama y échate a dormir", y aunque esta frase encierra cierto grado de veracidad, tenemos que tener muy en cuenta que los logros no solo hay que alcanzarlos sino mantenerlos.

Y saber lo que tenemos y lo que ofrecemos juega un rol muy importante a la hora de conseguir no solo financiamiento frente a futuros inversionistas para nuestro proyecto sino también a miembros de nuestro equipo. Y la clave para que esto se dé es saber vender.

La imagen que tengan los demás de ti es pieza clave para la supervivencia del proyecto. Si bien es cierto que si el proyecto es bueno siempre habrá quien desee apoyarnos, también es cierto que, si no logramos conseguir una buena impresión y vender el proyecto de la mejor manera a los ojos de los inversionistas, el proyecto difícilmente logrará ver la luz.

Los buenos argumentos de venta se logran cuando creemos firmemente en nuestro proyecto. Y eso se logra desde que nuestro proyecto ha sido minuciosamente evaluado. Hay dos cosas que los inversionistas desean saber antes de invertir en un proyecto:

Si el proyecto es factible, que se pueda hacer.

Cuánto va a costar implementarlo.

Todos tenemos que pasar por momentos así, desde una junta para ganarnos a un cliente clave hasta preparar un plan de negocios para recibir financiamiento.

Así que la mejor forma de lograr lo que te propones es aprender a venderte. Así lograrás ganar adeptos, ya sea como miembros de tu equipo, inversionistas, proveedores, aliados estratégicos y, por supuesto, clientes.

Esta es una estrategia usada de manera muy agresiva por líderes, sean éstos políticos de renombre o dirigentes de grandes negocios y marcas muy conocidas. Son gente que se venden muy bien porque saben que la imagen que proyectan de sí mismos hacia los demás debe ser la de un gran líder.

Un verdadero líder.

Lograr posicionar tu marca, tu proyecto, tu producto, etc., es clave a la hora de iniciarnos en la tarea de ser inversionistas o dueños de negocios. Pero recuerda que quienes dieron ya ese paso fueron minuciosamente cuidadosos en cuando a "venderse" ante los demás. Por lo que es importante que sepamos dar esa buena primera impresión al momento de presentar nuestro proyecto de negocio. De eso dependerá buena parte de la supervivencia de nuestro plan de negocios: Que sepamos lo que hacemos, lo que tenemos que hacer y hacia dónde queremos llegar.

En lo personal, después de haber echado un vistazo a muchos libros que hablan sobre la importancia de vender bien nuestros proyectos, nuestra imagen o nuestras ideas, recomiendo el libro "Vendes o vendes" de Grant Cardone.

Cinco

Mentalidad a prueba de fracasos

Para todos, sin excepción de persona, es terrible perderlo todo en nuestro proyecto. Y casi todos, al menos los que nos hemos atrevido a iniciarnos en esto de las inversiones, hemos sentido alguna vez que al perderlo todo, el mundo se nos venía abajo. Y con ello todos nuestros sueños.

La buena noticia, al menos yo lo considero como una especie de consuelo, es que en esto no estamos solos.

A millones de personas alrededor del mundo les pasa, pero realmente el problema no es que esto suceda, sino que esto se vuelva casi como un círculo vicioso en el que caemos una y otra vez, de forma automática. Como si se tratase de una montaña rusa y sus vaivenes nos fueran arrastrando inexorablemente hacia lo más profundo y oscuro de nuestro temor: quedarnos sin un solo centavo. En la bancarrota.

Y lo peligroso de vivir así es que cada bajada de esta montaña rusa se siente más fuerte, creando en nosotros una frustración muy grande y una sensación de derrota que nos hace resignar nuestras fuerzas.

Lo mejor de todo es que esta montaña rusa del dinero no es exclusiva para personas con muchos o pocos recursos, tampoco de empleados o emprendedores. Cualquiera puede entrar en ella sin darse cuenta hasta que está cayendo en picada.

Y es que, como lo dije antes, muchos de nosotros sabíamos generar ingresos, pero desgraciadamente también sabíamos muy bien como desaparecerlos hasta quedar incluso peor que al comienzo.

Y es que todos quienes iniciamos en esta tarea de convertirnos en inversionistas tenemos algo en común: no tenemos la mentalidad financiera correcta para aprovechar de mejor manera esos ingresos y lograr retenerlos. Es ahí cuando debemos entrenarnos y cambiar nuestra forma de pensar.

Y es que, si no logramos que nuestra mentalidad, nuestro pensamiento se enfoquen en obtener educación financiera, jamás lograremos tener éxito. En uno de mis videos enfatizo claramente la importancia que debe tener en nuestras vidas el conocimiento. El conocimiento es la clave para cualquier inversionista o dueño de negocio. No existe otra manera de minimizar el riesgo que no sea con conocimientos.

De manera que, si queremos empezar a invertir, en lo primero que deberás enfocarte será en adquirir conocimientos que te ayuden a desarrollar ese olfato de inversionista. Ventajosamente, existen muchos lugares en los cuales puedes empezar a adquirir esos conocimientos y dejar esa terrible montaña rusa que significa el juego del dinero para los que no poseen los conocimientos necesarios.

El conocimiento no solo nos proveerá de herramientas necesarias para tomar decisiones que ayuden a la consecución de nuestras metas, el conocimiento transformará nuestra débil y temerosa mentalidad de fracaso a una mentalidad a prueba de fracasos. Cambiará nuestra perspectiva sobre el fracaso, sobre el riesgo.

Nos devuelve una mentalidad ganadora.

Y cuando digo esto no me refiero a que, por simple cuestión de magia, nuestra mentalidad cambiará, no. Nos devuelve una mentalidad ganadora a través de un proceso en el que la prueba y error, a través del conocimiento, se vuelve a nuestro favor.

A eso yo suelo llamarle **Actitud Caníbal**

Es una mentalidad a prueba de fracasos, en el que todo inversionista sabe que perder no es fracasar. Si preguntas a cualquier inversionista sobre sus fracasos, te dirá que, si no los hubiera tenido, jamás habría logrado tener éxito. El éxito es la suma de todos tus fracasos... si los sabes aprovechar.

Y para aprovechar los fracasos es importante contar con conocimientos que nos ayuden a maximizar nuestras fortalezas y minimizar nuestras debilidades. La buena noticia es que, una vez que adquirimos conocimientos, lo que antes nos parecía arriesgado hoy lo podremos apreciar como lo que verdaderamente es: una buena oportunidad de invertir con riesgo mínimo.

Por ello no me cansaré de repetir esta palabra: El conocimiento es la clave.

Es la diferencia entre temer al fracaso convencido que toda inversión es arriesgada e invertir con riesgos calculados.

Es la diferencia entre la gente que siempre se queja de sus resultados financieros culpando a los demás y jamás se preocupa de adquirir conocimientos que respalden sus decisiones y gente que desde el inicio invierte en sí mismo para adquirir conocimientos.

Gente que, si se le acaba el dinero, culpa a su jefe por pagarle un salario miserable, al gobierno por cobrarle los impuestos, al banco por no darle más crédito, a todo el mundo por estar en contra suyo, pero nunca asume su responsabilidad, se cree una gran víctima de las circunstancias y no se da cuenta que en realidad es víctima de su propia ignorancia. Una ignorancia acogida y aceptada voluntariamente que lo ha secuestrado y convencido que invertir es arriesgado.

Siempre he dicho que la pobreza está íntimamente ligada a la ignorancia.

Quizá por eso alguien alguna vez dijo: "No nos dominarán por la fuerza, lo harán por la ignorancia."

Lo más triste es que se acepta esa "ignorancia" como inevitable. Y lo peor es que esa "ignorancia" no nos es impuesta a la fuerza. Nos la imponen de manera inconsciente, muy sutilmente y la damos por sentada. La convertimos en nuestro modus vivendi. Así es como nos dominan.

Desde pequeños nos inculcan el temor a perder, a fracasar. Desde la escuela nos matan nuestra mentalidad de ganador y nos reducen a cero.

Y esto se evidencia cuando, ya de adulto, le preguntas a alguien lo siguiente: ¿Qué harías si perdieras todo lo que has logrado hasta ahora y tuvieras que empezar desde cero?

A la mayoría, por no decir todos, a quienes les hice esta pregunta, me miraron con una cara de espanto que no necesité una respuesta.

Su mentalidad ganadora había dejado de existir hacía mucho tiempo y solo aceptaban, o estaban condicionados, a vivir con una mentalidad de pobreza.

Esto pasa con la gran mayoría.

En cambio, si esta pregunta le haces a alguien que ha invertido en sí mismo, en conocimientos, su respuesta es totalmente opuesta: Si lo perdiera todo, volvería a empezar de nuevo y lograría tenerlo todo otra vez.

Y por experiencia propia puedo decir que esto es completamente cierto.

He tenido la fortuna de conocer a muchas personas que sin recursos financieros han logrado salir adelante y vivir en abundancia gracias a que trabajaron en su mentalidad financiera.

Pero todos los que lograron adquirir riqueza, sin excepción alguna, primero lo hicieron invirtiendo en sí mismo. Entendieron que sin conocimientos estaban condenados a vivir sumidos en la ignorancia, presos en la montaña rusa del juego del dinero.

Otra vez lo repito: El conocimiento es la clave.

La buena noticia es que puedes empezar a invertir en ti mismo, en conocimiento, en el momento en que tú lo desees. Y no tiene ningún truco. Es super sencillo si lo quieres de verdad. Y cada vez se vuelve más automático.

Pero, el tipo de mentalidad que tienes no tiene que ver con la cantidad de dinero que poseas en tu cuenta de banco, como lo dije anteriormente, no es lo mismo generar dinero que conservarlo.

Seis

Piensa en grande, empieza en pequeño

Todos hemos oído eso de "piensa en grande". Es una buena idea. Y, visto desde un punto de vista motivacional, emotivo, es hasta inspirador, reconfortante.

Pero la cosa no resulta tan sencilla cuando de llevar esa frase a la práctica se trata. Piensa en grande, actúa en grande y, en un abrir y cerrar de ojos, estás en la calle viviendo, si tienes suerte, de la ayuda de tus padres o de ayuda social.

Y eso de seguro para nadie es reconfortante.

Quizás ésta sea la razón por la que muchos temen dar ese paso que los llevará a la libertad financiera. El miedo a perderlo todo en un abrir y cerrar de ojos. Y cuando no se tiene los conocimientos necesarios, tomar esa decisión suele ser una cuestión de vida o muerte.

Financieramente hablando, claro.

Es por eso que las estadísticas nos muestran que tan solo el 10% de la población total tiene en su poder más del 90% de la riqueza en el mundo.

Pero como dice el título de este capítulo lo importante no solo es pensar en grande sino también empezar en pequeño sin olvidar nuestros grandes sueños.

Adquirir destrezas que nos ayuden a acumular experiencias a la hora de invertir es importante, por ello es necesario que nuestros inicios a la hora de invertir sean pequeños y de acuerdo a nuestros conocimientos. De otro modo esta experiencia podría resultar demasiado dolorosa y difícilmente volveríamos a intentarlo otra vez.

Existen inversiones que se acomodan fácilmente a nuestras necesidades de inversión si lo que buscamos es acumular experiencia, sin arriesgar demasiado nuestro capital. Inversiones que, si bien no generarán una ganancia significativa, sí aportarán una experiencia valiosa a nuestro deseo de iniciar en el mundo de las inversiones.

Por si esto no fuera suficiente, también existe la posibilidad de invertir en compañías que hacen todo el trabajo por ti. Te convertirías en algo así como los "ángeles inversionistas" que buscan nichos de inversión para su dinero.

Pero cualquiera que sea tu decisión con respecto a empezar a invertir siempre debes tener en cuenta que, la labor de invertir es un proceso como cualquiera otro proceso que requerirá de tiempo, tacto y paciencia. Y sobre todo de mucho conocimiento.

Y aquí te lo repito una vez más: El conocimiento es la clave en esta labor.

Lo demás, resulta más sencillo.

Suerte en tu nueva etapa.

Otros libros de este autor:

El Gran Salto. Cuando la Pasión es más fuerte que el interés

Invierte sin dinero en Bienes Raíces

Cómo conseguí mi primer millón, sin dinero y sin empleo, en Bienes Raíces

John Ortega

Todos los derechos reservados ©

www.ingramcontent.com/pod-product-compliance
Lightning Source LLC
Chambersburg PA
CBHW030533220526
45463CB00007B/2817